Euripide

Alceste

tragédie grecque

 Le code de la propriété intellectuelle du 1er juillet 1992 interdit en effet expressément la photocopie à usage collectif sans autorisation des ayants droit. Or, cette pratique s'est généralisée dans les établissements d'enseignement supérieur, provoquant une baisse brutale des achats de livres et de revues, au point que la possibilité même pour les auteurs de créer des oeuvres nouvelles et de les faire éditer correctement est aujourd'hui menacée. En application de la loi du 11 mars 1957, il est interdit de reproduire intégralement ou partiellement le présent ouvrage, sur quelque support que ce soit, sans autorisation de l'Editeur ou du Centre Français d'Exploitation du Droit de Copie , 20, rue Grands Augustins, 75006 Paris.

ISBN : 978-1530687442

10 9 8 7 6 5 4 3 2 1

Euripide

Alceste

tragédie grecque

Table de Matières

Personnages 6

Alceste 6

Personnages

Apollôn.
Thanatos.
Alkèstis.
Admètos.
Eumèlos.
Hèraklès.
Phérès.
Chœur des Vieillards Phèraiens.
Un Serviteur.
Une Servante.

Alceste

Apollôn.

Ô demeure d'Admètos, où j'ai subi la table servile, bien qu'étant Dieu ! Zeus, en effet, fut cause de ceci, ayant tué mon fils Asklèpios d'un coup de foudre dans la poitrine. Et j'en fus irrité, et je tuai les Kyklopes, ouvriers du feu divin. Et mon père, afin de m'en punir, me contraignit de servir chez un homme mortel. Étant donc venu dans ce pays, j'ai fait paître les bœufs du maître, et j'ai protégé cette demeure jusqu'à ce jour. Pieux moi-même, auprès d'un homme pieux, le fils de Phérès, je l'ai affranchi de la mort, en trompant les Moires. En effet, les Déesses me promirent qu'Admètos échapperait à la mort déjà menaçante, en offrant à sa place un autre mort au Hadès. Ayant mis à l'épreuve tous ses amis, et son père, et la vieille mère qui l'a enfanté, il n'a trouvé personne, excepté sa femme, qui voulût mourir pour lui, et ne plus voir la lumière. Et, maintenant, celle-ci, portée entre les bras, dans les demeures, va rendre l'âme ; car sa destinée est de mourir en ce jour et de quitter la vie. Pour moi, afin de n'être pas souillé, je quitte ces chers toits. Déjà, je vois approcher Thanatos, Hiérophante des morts, qui va emmener Alkèstis dans les demeures d'Aidès. Elle vient au moment précis, ayant épié ce jour où il est fatal qu'Alkèstis meure.

Thanatos

Ah ! ah ! Que cherches-tu auprès de ces demeures ? Que fais-tu ici, Phoïbos ? Tu enlèves encore injustement leurs honneurs aux

Daimones souterrains. N'est-ce pas assez pour toi d'avoir détourné le destin d'Admètos, en trompant les Moires par tes ruses ? Et, maintenant, tu veilles de nouveau, l'arc en main, sur celle-ci, sur la fille de Pélias, qui a promis à son mari délivré de mourir pour lui.

Apollôn
Sois rassurée ! Certes, j'ai pour moi la justice et de bonnes raisons.

Thanatos
Qu'as-tu besoin de cet arc, si tu as pour toi la justice ?

Apollôn
J'ai coutume de toujours le porter.

Thanatos
Et de protéger ces demeures contre toute justice.

Apollôn
Je suis affligé, en effet, des malheurs d'un homme que j'aime.

Thanatos
Veux-tu me dérober aussi cet autre mort ?

Apollôn
Je ne te l'ai pas enlevé de force.

Thanatos
Comment donc est-il encore sur la terre, et non dessous ?

Apollôn
Parce qu'il a donné, au lieu de lui-même, sa femme que tu viens chercher.

Thanatos
Et, certes ! je l'emmènerai sous terre, dans le Hadès.

Apollôn
Prends, et va ! Je ne sais, en effet, si je pourrais te persuader…

Alceste

Thanatos
Quoi ? De tuer celui qu'il faut tuer ? C'est ma tâche, en effet.

Apollôn
Non ! mais d'apporter la mort à ceux qui tardent à mourir.

Thanatos
Je comprends cette raison et ton zèle.

Apollôn
Est-il donc quelque moyen qu'Alkèstis parvienne à la vieillesse ?

Thanatos
Il n'y en a point. Tu penses bien que, moi aussi, je veux jouir de mes honneurs.

Apollôn
Assurément, tu n'emporteras qu'une seule âme.

Thanatos
Quand les jeunes meurent, j'en retire une gloire plus grande.

Apollôn
Mais si elle meurt âgée, elle sera ensevelie magnifiquement.

Thanatos
C'est en faveur des riches, Phoibos, que tu as établi cette loi.

Apollôn
Comment as-tu dit ? Es-tu devenue aussi subtile, sans que nous le sachions ?

Thanatos
Ceux à qui les richesses sont échues se rachèteraient, afin de mourir vieux.

Apollôn
Ainsi, il ne te plait pas de me faire cette grâce ?

Euripide

Thanatos
Non, certes ! Tu connais mes habitudes.

Apollôn
Funestes aux mortels et haïes des Dieux !

Thanatos
Tu n'obtiendras rien de ce qu'il ne convient pas que tu obtiennes.

Apollôn
Sans doute, tu t'adouciras, bien que tu sois très cruelle. Voici qu'un homme s'avance vers la demeure de Phérès, envoyé par Eurystheus, des plaines glacées de la Thrèkè, afin d'enlever le char et les chevaux, et qui, ayant reçu l'hospitalité dans les demeures d'Admètos, t'enlèvera de force sa femme. Et je ne t'aurai aucune gratitude, et tu n'en feras pas moins ce que je veux, et tu ne m'en seras pas moins odieuse.

Thanatos
Tu auras beau parler, tu n'obtiendras rien de plus. Cette femme descendra dans les demeures d'Aidès. Je vais à elle, afin de sacrifier par l'épée ; car celui-là, en effet, est consacré aux Dieux souterrains, de la tête duquel cette épée a coupé un cheveu.

1ᴇʀ Demi-Chœur
D'où vient cette solitude devant l'entrée ? Pourquoi la demeure d'Admètos fait-elle silence ?

2ᴇ Demi-Chœur
N'y a-t-il ici aucun ami qui puisse dire s'il faut pleurer la Reine morte, ou, si, vivante, Alkèstis, la fille de Pélias, voit encore la lumière, elle qui s'est montrée, à moi et à tous, la meilleure des femmes pour son mari ?

1ᴇʀ Demi-Chœur
Strophe I.
Quelqu'un entend-il, dans les demeures, ou les gémissements, ou le retentissement des mains, ou la lamentation, comme si la chose

était accomplie ? Aucun des serviteurs n'est même debout aux portes. Plût aux Dieux que tu apparusses, ô Paian, afin d'apaiser ces flots de malheurs !

2ᴇ DEMI-CHŒUR

Certes, ils ne se tairaient pas, si elle était morte. Je ne pense pas, en effet, que le cadavre ait été enlevé des demeures.

1ᴇʀ DEMI-CHŒUR

D'où le penses-tu ? Je ne m'en flatte pas. Pourquoi en es-tu assuré ?

2ᴇ DEMI-CHŒUR

Comment Admètos aurait-il fait à sa chère femme des funérailles secrètes.

1ᴇʀ DEMI-CHŒUR
Antistrophe I.

Je ne vois point devant les portes le vase d'eau vive, comme c'est la coutume aux portes des morts ; et les jeunes mains des femmes ne retentissent pas.

2ᴇ DEMI-CHŒUR

Voici cependant le jour marqué…

1ᴇʀ DEMI-CHŒUR

Que dis-tu ?

2ᴇ DEMI-CHŒUR

Pour qu'elle aille sous la terre.

1ᴇʀ DEMI-CHŒUR

Tu as touché mon âme et mon cœur..

2ᴇ DEMI-CHŒUR

Il convient, quand les bons sont en proie au malheur, que celui qui a toujours été tenu pour excellent en gémisse.

Le Chœur

Euripide

Strophe II.
En quelque lieu qu'une nef soit envoyée, en Lykia, ou vers les arides demeures Ammonides, nul ne peut sauver l'âme de cette malheureuse ; car le destin fatal est proche. Je ne sais, ni à quel autel des Dieux, ni à quel sacrificateur avoir recours.

Antistrophe II.
Seul, le fils de Phoibos, si de ses yeux il voyait encore la lumière, ramènerait Alkèstis des sombres demeures et des portes du Hadès ; car, en effet, il ressuscitait les morts, avant que le trait du feu foudroyant lancé par Zeus l'eût tué. Mais, maintenant, quelle espérance ai-je qu'elle revienne à la vie ? Le Roi a tout accompli, et les sacrifices sanglants se sont amassés sur les autels de tous les Dieux, et il n'est nul remède à ces maux !

Épôde.
Mais voici une des servantes qui sort des demeures en pleurant. Quel nouveau coup de la fortune apprendrai-je ? Gémir quand il arrive malheur aux maîtres est digne de pardon. La femme est-elle encore vivante, ou a-t-elle péri ? Nous voudrions le savoir.

La Servante
Tu peux dire qu'elle est vivante et morte à la fois.

Le Chœur
Comment peut-on être mort, et vivre ?

La Servante
Déjà elle penche la tête, et elle rend l'âme.

Le Chœur
Ô malheureuse ! quelle femme tu perds, toi si digne d'elle !

La Servante
Le maître ne le saura qu'après l'avoir souffert.

Le Chœur
N'y a-t-il plus aucun espoir de sauver sa vie ?

La Servante

Ce jour fatal la contraint.

Le Chœur
Ne prépare-t-on pas pour elle les solennités ?

La Servante
Les ornements dans lesquels son mari l'ensevelira sont prêts.

Le Chœur
Qu'elle sache maintenant qu'elle meurt glorieusement et la meilleure de toutes les femmes qui sont sous Hèlios !

La Servante
Comment ne serait-elle pas la meilleure ? Qui le niera ? Quelle autre femme pourrait l'emporter sur elle ? Quelle autre pourrait mieux faire pour son mari que de mourir pour lui ? La Ville entière le sait ; mais tu seras plein d'admiration, en apprenant ce qu'elle a fait dans la demeure. Quand elle sentit approcher le jour sacré, elle lava son corps blanc dans l'eau fluviale, et, tirant des coffres de cèdre une robe et des ornements, elle se para richement ; et, se tenant debout devant le foyer, elle pria ainsi : — Maîtresse ! Je vais aller sous la terre, et, te vénérant pour la dernière fois, je te demande de protéger mes enfants orphelins ! Donne à l'un une chère femme, et à l'autre un mari de bonne race. De même que moi, leur mère, que mes enfants ne meurent pas avant le temps ; mais que, dans la prospérité, ils mènent jusqu'au bout une vie heureuse sur la terre de la patrie ! — Et, s'approchant de tous les autels qui sont dans les demeures d'Admètos, elle les couronna ; et, arrachant le feuillage des rameaux de myrte, elle pria sans lamentation et sans gémissement ; et le malheur prochain ne changeait point son aspect doux et beau. Puis, entrant dans la chambre nuptiale, et tombant sur le lit, elle versa des larmes, et dit : — Ô lit, où cet homme, pour qui je meurs, dénoua ma virginité, salut ! Je ne te hais pas, en effet, car tu n'as perdu que moi seule ; et je meurs pour ne trahir ni toi, ni mon mari. Une autre femme te possèdera, non plus chaste, mais plus heureuse peut-être. — Et, se jetant sur le lit, elle le baisa et l'inonda des larmes de ses yeux. Mais, s'étant rassasiée de larmes, et baissant le visage, elle s'arracha du lit, sortit

de la chambre nuptiale, y rentra plusieurs fois, et se jeta sur le lit de nouveau et encore. Et les enfants, suspendus aux vêtements de leur mère, pleuraient ; et les prenant elle-même dans ses bras, elle baisait tantôt l'un, tantôt l'autre, comme si elle allait mourir. Et tous les serviteurs pleuraient dans les demeures, se lamentant sur leur maîtresse. Et elle tendait la main droite à chacun, et aucun n'était si humble qu'elle ne lui parlât, et qu'il ne lui adressât la parole. Tels sont les maux de la demeure d'Admètos. S'il eût dû périr, il serait mort ; mais ayant échappé à la mort, il subit maintenant une si grande douleur, qu'il ne l'oubliera jamais.

Le Chœur
Admètos gémit-il de ces maux, puisqu'il faut qu'une femme si excellente lui soit enlevée ?

La Servante
Certes ! il pleure, tenant sa chère femme dans ses bras, et il la supplie de ne point l'abandonner, demandant l'impossible. En effet, elle s'éteint, consumée par le mal, et fièvre dans les tristes bras d'Admètos. Cependant, bien que respirant à peine, elle veut contempler encore la lumière de Hèlios, quoiqu'elle ne doive jamais plus revoir l'orbe et les rayons de Hèlios ! Mais j'irai, et j'annoncerai ta venue ; car, tous ne sont point tellement bienveillants pour leurs maîtres, qu'ils s'approchent volontiers d'eux dans le malheur. Mais toi, tu es un vieil ami pour mes maîtres.

1er Demi-Chœur
Strophe I.
Ô Zeus ! Quelle issue à ces maux ? Quel remède à la calamité qui accable nos maîtres ?

2e Demi-Chœur
Quelqu'un sort-il ? Couperai-je ma chevelure, et revêtirai-je les noirs vêtements ?

1er Demi-Chœur
Certes, la chose est manifeste, amis ! Cependant, supplions les Dieux ! la puissance des Dieux est très grande.

2ᴇ DEMI-CHŒUR
Ô Roi Paian ! trouve quelque remède aux maux d'Admètos ! secours-le, secours-le ! En effet, déjà tu l'as secouru. Et, maintenant, sois celui qui délivre de la mort, repousse le tueur Aidès !

1ᴇʀ DEMI-CHŒUR
Antistrophe I.
Ah ! ah ! hélas ! Ô fils de Phérès, combien tu souffres, privé de ta femme !

2ᴇ DEMI-CHŒUR
Ceci ne pousse-t-il pas à s'égorger, et à faire plus encore que de se pendre par le cou à un haut lacet ?

1ᴇʀ DEMI-CHŒUR
En effet, tu verras morte en ce jour, non pas seulement une chère femme, mais la plus chère de toutes !

2ᴇ DEMI-CHŒUR
Voici ! voici qu'elle sort elle-même des demeures avec son mari ! Ô terre Phéraienne, crie, gémis sur cette femme excellente consumée par le mal, et qui s'en va sous terre, dans le Hadès souterrain !

LE CHŒUR
Jamais je n'affirmerai que le mariage possède plus de joie que de douleur, si j'en juge par les choses passées, et en voyant la destinée de ce Roi qui, ayant perdu la meilleure des femmes, traînera désormais une vie qui n'en sera pas une !

ALKÈSTIS
Strophe II.
Hèlios ! Lumière du jour ! Tourbillons ouraniens des nuées rapides !

ADMÈTOS
Il nous voit, toi et moi, deux malheureux, qui n'avons failli en rien envers les Dieux, pour que tu meures !

ALKÈSTIS

Antistrophe II.
Terre ! Toits des demeures ! Chambres nuptiales d'Iolkos ma patrie !

ADMÈTOS
Redresse-toi, ô malheureuse ! Ne me délaisse pas! Supplie les Dieux puissants de te prendre en pitié.

ALKÈSTIS
Strophe II.
Je vois, je vois la Barque à deux avirons ! Et le Passeur des morts, ayant en mains sa perche, Kharôn, m'appelle déjà : — Que tardes-tu ? hâte-toi ! tu m'arrêtes. — Il m'excite et me presse ainsi.

ADMÈTOS
Hélas ! Tu as parlé d'une cruelle traversée ! Ô malheureuse, combien nous souffrons !

ALKÈSTIS
Antistrophe II.
Quelqu'un, quelqu'un m'emmène ! Ne vois-tu pas ? Aidès ailé, regardant sous ses sourcils noirs, m'emmène dans la Demeure des morts ! Que feras-tu ? va-t'en ! Ô malheureuse, quel chemin vais-je prendre ?

ADMÈTOS
Un chemin lamentable pour tes amis, et plus encore pour moi, et pour tes enfants qui prennent part à ce deuil !

ALKÈSTIS
Épôde.
Allez ! Quittez-moi ! Couchez-moi ; mes pieds ne me soutiennent plus. Le Hadès est proche, et la noire nuit enveloppe mes yeux. Ô enfants, enfants ! Déjà vous n'avez plus de mère ! Salut, ô mes fils, et voyez la lumière !

ADMÈTOS
Hélas sur moi ! J'entends une triste parole, plus triste pour moi que

la mort. Je t'en supplie ! Par les Dieux ! ne m'abandonne pas ! Par tes enfants que tu laisseras orphelins ! Lève-toi, rassure-toi ! Toi morte, je ne serai plus. Que tu sois vivante ou non, je dépends de toi en tout, car l'affection que j'ai pour toi est sacrée !

Alkèstis

Admètos, (car tu vois à quelle extrémité je suis) je désire, avant que je meure, te dire ce que je veux. Te respectant et donnant ma vie pour que tu voies la lumière, je meurs pour toi, quand je pouvais ne pas mourir, prendre qui je voudrais pour mari parmi les Thessaliens, et habiter une heureuse demeure royale. Je n'ai pas voulu vivre, t'ayant été arrachée, et avec des enfants privés de leur père ; et je ne me suis point épargnée, bien que j'eusse tous les dons de la jeunesse dont je pouvais jouir. Et ton père et ta mère t'ont trahi, quoique leur âge leur permît de mourir légitimement, et de sauver leur fils par une mort glorieuse. Tu étais, en effet, leur seul fils ; et toi mort, aucune espérance ne leur restait d'avoir d'autres enfants. Et je vivrais alors, et tu ne gémirais pas, le reste de ta vie, privé de ta femme et élevant des enfants orphelins. Mais un Dieu a voulu que les choses fussent telles. Soit ! Pour toi, te souvenant de ceci, fais-moi une grâce, mais non semblable. Je ne t'en demanderai jamais une semblable, car rien n'est plus précieux que la vie, mais juste cependant, comme tu le diras toi-même. Tu aimes ces enfants autant que moi, en effet, si tu as de bonnes pensées. Qu'ils soient maîtres de ma demeure ! et ne les soumets pas à une marâtre qui me serait inférieure et qui porterait la main sur tes enfants qui sont aussi les miens. Ne fais pas cela, je te le demande. La marâtre qui succède à l'épouse est l'ennemie des premiers enfants, et ne le cède en rien à la vipère. Un fils a dans son père un sûr rempart ; il en appelle à lui, et le père lui répond. Mais toi, ô fille, comment seras-tu élevée honnêtement pendant les années de ta virginité ? Quelle femme de ton père rencontreras-tu ? J'ai peur que, répandant sur toi une honteuse renommée, elle n'empêche tes noces dans la fleur de ta jeunesse. Ta mère, en effet, ne te mariera jamais ; et elle ne sera pas là pour te rassurer pendant l'enfantement, quand rien n'est plus doux qu'une mère. Il me faut mourir, et ce malheur ne m'arrivera ni demain, ni le troisième jour du mois ; mais c'est à l'instant que je serai comptée parmi les morts. Soyez heureux ! Toi, époux, tu peux te glorifier d'avoir eu la meilleure des femmes, et vous, enfants, d'être nés de la meilleure des mères !

Le Chœur
Prends courage ! Je ne crains pas de le dire pour lui : il fera cela, s'il n'a point perdu la raison.

Admètos
Cela sera, cela sera ! ne crains pas. T'ayant possédée vivante, morte tu seras seule ma femme ; et, à ta place, jamais aucune autre épouse Thessalienne ne me nommera son mari ; aucune, même née d'un noble père, et fût-elle la plus belle des femmes ! Je prie les Dieux qu'il me suffise de garder mes enfants, n'ayant pu te conserver toi-même. Et je porterai ton deuil, non une année, mais tant que ma vie durera, ô femme ! Et j'aurai en haine ma mère et mon père, car ils étaient mes amis de nom, mais non en fait. Mais toi, donnant tout ce qu'il y a de plus cher pour me conserver la vie, tu m'as sauvé. N'ai-je donc pas de quoi gémir, en perdant une femme telle que toi ! Je mettrai fin aux repas, aux assemblées de convives, aux couronnes et aux chants qui remplissaient ma demeure. Jamais plus, en effet, je ne toucherai le barbitos, ni je n'exciterai mon âme à chanter avec la flûte Libyque, car tu m'as enlevé le charme de la vie. Mais ton corps, modelé par la main habile des artistes, sera placé sur le lit nuptial ; et je me prosternerai devant lui, je l'entourerai de mes mains, en criant ton nom, et je croirai serrer ma chère femme dans mes bras, bien que ne l'y tenant pas ! Froide consolation, je pense ; mais j'allégerai ainsi le poids de mon âme, et tu me charmeras, en m'apparaissant dans mon sommeil ! Il est doux, en effet, de revoir ceux qu'on aime, pendant la nuit, ou dans tout autre moment. Si je possédais la voix et le chant d'Orpheus, afin d'apaiser la fille de Déméter, ou son mari, et de t'enlever du Hadès, j'y descendrais, et ni le Chien de Ploutôn, ni Kharôn, le Conducteur des âmes avec son aviron, ne m'arrêteraient, avant que j'eusse rendu ta vie à la lumière ! Maintenant, du moins, attends-moi là, quand je mourrai, et prépare ma demeure, afin d'y habiter avec moi. J'ordonnerai, en effet, qu'on me pose avec toi, dans le coffre de cèdre, et qu'on m'étende à tes côtés ; et, même étant mort, je ne serai pas séparé de toi qui, seule, m'as été fidèle !

Alceste

Le Chœur
Et moi, comme un ami pour un ami, je porterai avec toi le triste deuil à cause de celle-ci, car elle en est digne.

Alkèstis
Ô enfants, vous avez entendu les paroles de votre père disant qu'il n'épouserait jamais une autre femme, et qu'il ne m'oublierait pas.

Admètos
Et je l'affirme encore, et je le ferai.

Alkèstis
A cette condition, reçois nos enfants de ma main.

Admètos
Je reçois ce cher don d'une chère main.

Alkèstis
Maintenant, sois, à ma place, une mère pour ces enfants.

Admètos
Il le faut de toute nécessité, puisqu'ils sont privés de toi.

Alkèstis
Ô enfants ! quand il était juste que je vécusse, je vais sous la terre !

Admètos
Hélas sur moi ! Que ferai-je sans toi !

Alkèstis
Le temps te consolera ; un mort n'est rien.

Admètos
Emmène-moi avec toi, par les Dieux ! Emmène-moi sous la terre.

Alkèstis
C'est assez de moi, pour toi !

Euripide

ADMÈTOS
Ô Daimôn ! de quelle femme tu me prives !

ALKÈSTIS
Déjà mes yeux obscurcis s'alourdissent.

ADMÈTOS
Je péris, si tu m'abandonnes, femme !

ALKÈSTIS
Je suis comme morte ; je ne suis plus rien !

ADMÈTOS
Relève ton visage ! n'abandonne pas tes enfants !

ALKÈSTIS
Certes, ce n'est pas que je le veuille ! Salut, ô enfants !

ADMÈTOS
Regarde ! regarde-les !

ALKÈSTIS
Je ne suis plus rien.

ADMÈTOS
Que fais-tu ? Tu nous abandonnes ?

ALKÈSTIS
Salut !

ADMÈTOS
Malheureux ! Je suis perdu !

LE CHŒUR
Elle a vécu ! la femme d'Admètos n'est plus !

EUMÈLOS
Strophe.

Hélas sur moi, à cause de ce malheur ! Ma mère est allée dans le Hadès ! Ô père, elle n'est plus sous Hèlios ! Malheureuse, elle abandonne ma vie et me laisse orphelin ! Vois ses paupières, vois ses mains étendues ! Ô mère, écoute, écoute, je t'en supplie ! C'est moi, mère ! c'est ton petit enfant qui t'appelle, penché sur ta bouche !

Admètos
Tu appelles qui ne voit ni n'entend ! Nous sommes, vous et moi, frappés d'un grand malheur.

Eumèlos
Antistrophe.
Tout jeune, ô père, je reste seul, abandonné de ma chère mère ! Moi, malheureux… Et toi, jeune sœur, tu subis… ô père, c'est en vain que tu as pris une épouse ; tu n'es pas arrivé avec elle au terme de la vieillesse, car elle est morte auparavant ! Et puisque tu es morte, ô mère ! notre race périt.

Le Chœur
Admètos, il faut supporter cette calamité. En effet, tu n'es ni le premier, ni le dernier des mortels qui ait été privé d'une épouse excellente ; mais sache qu'il est nécessaire que nous mourions tous.

Admètos
Je le sais, et ce malheur ne m'a pas assailli brusquement. Je le connaissais, et j'en étais tourmenté depuis longtemps. Mais je célébrerai les funérailles de ce corps. Aidez-moi, et restant ici, chantez tour à tour un chant funèbre au Dieu souterrain à qui on n'offre point de libations. J'ordonne, à tous les Thessaliens auxquels je commande, de prendre part au deuil de cette femme, la chevelure rasée et vêtus du péplos noir. Et vous, qui attelez les quadriges, ou qui êtes portés par des chevaux seuls, tranchez avec le fer les crins de leurs cous. Que le son des flûtes et de la lyre se taise dans toute la ville pendant douze lunes entières ! Je n'ensevelirai, en effet, aucun autre corps plus cher que celui-ci, et qui ait mieux mérité de moi. Elle est bien digne que je l'honore, puisqu'elle est morte pour moi.

Euripide

Le Chœur
Strophe I.

Ô fille de Pélias, habite heureusement les demeures d'Aidès, ignorées de Halios ! Qu'Aidès, le Dieu aux noirs cheveux, sache, et que le vieux Conducteur des morts, qui est à la barre et à l'aviron, sache aussi qu'elle est la meilleure des femmes qu'il ait passées sur le marais de l'Akhérôn, dans la barque à deux avirons !

Antistrophe I.

Les poètes te chanteront en foule, sur la tortue montagnarde à sept cordes, et en des hymnes non accompagnés de la lyre, à Sparta, quand reviendra l'anniversaire du mois Kainéien, à la pleine lumière de Sélana, et dans l'heureuse et splendide Athèna ; tant tu auras laissé en mourant une matière inépuisable aux chants des poètes !

Strophe II.

Que n'est-il en moi, que n'ai-je la puissance de te ramener à la lumière, hors des demeures d'Aidès, et loin des courants du Kokytos, à l'aide de l'aviron du fleuve souterrain ! Toi seule, ô chère parmi les femmes, toi seule as osé racheter ton mari du Hadès, au prix de ta vie ! Que la terre tombe légère sur toi, femme ! Si ton mari entrait dans un nouveau lit nuptial, certes, il me serait odieux, ainsi qu'à tes enfants.

Antistrophe II.

La mère de celui-ci, ni son vieux père, n'ont voulu, pour leur fils, cacher leurs corps sous la terre. Ils n'ont pas osé sauver celui qu'ils ont enfanté, les malheureux, eux qui ont les cheveux blancs ! Mais toi, dans la florissante jeunesse, tu es morte pour ton mari ! Puissé-je posséder dans mon lit une chère femme telle que toi ! C'est une rare destinée dans la vie. Certes elle passerait toute sa vie heureuse avec moi.

Hèraklès

Étrangers, qui habitez cette terre Phéraienne, trouverai-je Admètos dans les demeures ?

Le Chœur

Le fils de Phérès est dans les demeures, Hèraklès ! Mais, dis ! qui t'amène dans le pays des Thessaliens ? Pourquoi entres-tu dans la ville des Phéraiens ?

HÈRAKLÈS
J'accomplis un travail ordonné par Eurystheus tirynthien.

LE CHŒUR
Où vas-tu ? Où es-tu contraint d'aller errer !

HÈRAKLÈS
Je vais enlever le quadrige de Diomèdès le Thrèkien.

LE CHŒUR
Comment pourras-tu faire cela ? Ne sais-tu pas quel est cet étranger ?

HÈRAKLÈS
Je ne le connais pas ; je ne suis pas encore venu sur la terre des Bistones.

LE CHŒUR
Tu ne pourras te rendre maître des chevaux sans combat.

HÈRAKLÈS
Mais il ne m'est point permis de me refuser à cette tâche.

LE CHŒUR
Tu reviendras donc après l'avoir tué ; ou tu resteras, mort.

HÈRAKLÈS
Ce n'est pas le premier combat que je soutiendrai.

LE CHŒUR
Quel profit retireras-tu, ayant vaincu leur maître ?

HÈRAKLÈS
J'amènerai les chevaux au Roi tirynthien.

LE CHŒUR

Il n'est pas facile de mettre un frein à leurs mâchoires.

Hèraklès
A moins qu'ils ne soufflent le feu par les narines.

Le Chœur
Mais ils déchirent les hommes de leurs mâchoires affamées.

Hèraklès
Tu parles là de la pâture des bêtes des montagnes, non de celle des chevaux.

Le Chœur
Tu verras leurs râteliers aspergés de sang.

Hèraklès
De quel père se vante-t-il d'être né, celui qui les a élevés ?

Le Chœur
D'Arès. C'est le roi des guerriers de la Thrèkia riche en or.

Hèraklès
Tu parles d'un travail qui m'est destiné, car mon destin est pénible et cherche les hautes entreprises, puisqu'il me faut engager le combat avec ceux qu'Arès a engendrés, d'abord avec Lykaôn, puis, avec Kyknos. En troisième lieu, je viens combattre les chevaux et le maître. Mais personne n'aura jamais vu le fils d'Alkmèna redouter le bras d'un ennemi.

Le Chœur
Mais voici le Maître lui-même de cette terre, Admètos, qui sort des demeures.

Admètos
Salut, ô enfant de Zeus, issu du sang de Perseus !

Hèraklès
Je te salue, Admètos, Roi des Thessaliens ! Sois heureux !

Alceste

ADMÈTOS
Je le souhaiterais. Je sais combien tu es bienveillant.

HÈRAKLÈS
Pourquoi apparais-tu avec une chevelure lugubrement rasée ?

ADMÈTOS
Je vais, en ce jour, ensevelir un cadavre.

HÈRAKLÈS
Qu'un Dieu éloigne le malheur de tes enfants !

ADMÈTOS
Les enfants que j'ai engendrés sont vivants dans les demeures.

HÈRAKLÈS
Ton père était très âgé, s'il est mort.

ADMÈTOS
Il vit, et ma mère aussi, Hèraklès.

HÈRAKLÈS
Mais ce n'est certes pas Alkèstis, ta femme, qui est morte ?

ADMÈTOS
Je te ferai, à propos d'elle, une double réponse.

HÈRAKLÈS
Me parles-tu d'elle morte, ou vivante ?

ADMÈTOS
Elle est, et elle n'existe plus ; et elle m'accable de douleur !

HÈRAKLÈS
Je n'en sais pas davantage. Tu parles obscurément.

ADMÈTOS
Ne sais-tu pas la destinée qu'il lui faut subir ?

Euripide

Hèraklès
Je sais qu'elle a résolu de mourir pour toi.

Admètos
Comment donc existe-t-elle encore, si elle a consenti à cela ?

Hèraklès
Ah ! ne pleure pas ta femme prématurément ; attends l'instant.

Admètos
Qui doit mourir est mort, et qui est mort n'existe plus.

Hèraklès
Cependant, être et ne pas être sont choses différentes,

Admètos
Tu en juges d'une façon, Hèraklès, et moi, d'une autre.

Hèraklès
Enfin, pourquoi pleures-tu ? Lequel de tes amis est mort ?

Admètos
Une femme. C'est à une femme que je pensais.

Hèraklès
Une étrangère, ou quelque parente à toi !

Admètos
Une étrangère, et cependant attachée à ma demeure.

Hèraklès
Comment donc a-t-elle perdu la vie dans tes demeures ?

Admètos
Son père étant mort, elle y a été élevée en orpheline.

Hèraklès
Hélas ! Puissé-je, Admètos, ne t'avoir pas trouvé ainsi gémissant !

Alceste

Admètos
Dans quel dessein me dis-tu cette parole ?

Hèraklès
J'irai vers une autre demeure hospitalière.

Admètos
Cela n'est point permis, ô Roi ! Qu'un tel malheur ne m'arrive pas !

Hèraklès
Un étranger qui survient est à charge aux affligés.

Admètos
Les morts sont morts. Entre dans ma demeure.

Hèraklès
Il est honteux que des affligés donnent un festin à leurs amis.

Admètos
Les chambres des hôtes, où je te conduirai, sont à l'écart.

Hèraklès
Renvoie-moi, et je t'en rendrai hautement grâce.

Admètos
Tu ne peux aller au foyer d'un autre homme. — Toi, serviteur, marche devant ; et, ouvrant les chambres hospitalières de ces demeures, ordonne à ceux que cela concerne qu'ils préparent une abondante nourriture. — Vous, fermez les portes intérieures. Il ne convient pas que nos convives entendent nos gémissements, et que nos hôtes soient attristés par notre douleur.

Le Chœur
Que fais-tu ? Accablé d'un tel malheur, comment oses-tu, Admètos, recevoir des hôtes ? Es-tu insensé ?

Admètos
Mais, si j'avais repoussé des demeures et de la Ville l'hôte qui vient

à moi, me louerais-tu davantage ? Non, certes ! Mon malheur n'en serait en rien diminué, et j'aurais été inhospitalier. A mes maux, par surcroît, se serait ajouté ce malheur que ma maison eût été nommée inhospitalière. Moi-même, j'ai en celui-ci un hôte excellent, quand je vais sur la terre desséchée d'Argos.

Le Chœur
Comment donc lui cachais-tu ton malheur présent, cet homme étant un ami qui t'arrive, comme tu le dis toi-même ?

Admètos
Jamais il n'aurait voulu entrer dans la demeure, s'il avait appris quelque chose de mes maux. Je ne lui semble pas, je pense, agir sagement en ceci, et il ne m'approuvera pas ! mais les portes de ma demeure ne savent ni repousser, ni offenser les étrangers.

Le Chœur
Strophe I.
Ô demeure d'un homme libre, hospitalière pour tous ! Apollôn Pythien, qui excelle par la lyre, a daigné t'habiter, et il a subi d'être berger sous ton toit, et il a chanté tes troupeaux les airs pastoraux sur la pente des collines.

Antistrophe I.
Et ils paissaient avec eux, charmés de tes chants, le lynx tachetés ; et, quittant le hallier de l'Othrys, la bande fauve des lions accourait ; et autour de la kithare, ô Phoibos ! le paon tacheté sautait, traversant d'un pied léger, pour se réjouir de ton chant joyeux, les sapins à la haute chevelure.

Strophe II.
C'est pourquoi Admètos habite une demeure très abondante en brebis, auprès du Boibéis aux belles eaux. Et il a l'aithèr des Molosses pour limite à ses terres labourées et à ses vertes plaines, et il commande jusqu'à la mer d'Aigaios, jusqu'au rivage inabordable du Pèlios.

Antistrophe II.
Et, maintenant, il va recevoir un hôte dans sa demeure ouverte, pleurant encore, de ses paupières humides, sa chère femme morte récemment dans les demeures ; car un homme bien né honore la

piété, et tous les dons de la sagesse appartiennent aux hommes justes. C'est pourquoi j'ai cette confiance dans l'âme, que toutes les prospérités sont acquises à un homme pieux.

Admètos
Hommes Phéraiens, présents ici, et qui m'êtes bienveillants, déjà les serviteurs, ayant orné le cadavre selon le rite prescrit, le portent au bûcher élevé et au tombeau. Mais vous, ainsi que la coutume le veut, saluez la morte qui s'engage dans son dernier chemin.

Le Chœur
Je vois ton père qui vient d'un pied sénile, et les serviteurs qui portent dans leurs mains les ornements, honneur des morts.

Phérès
Je viens, fils, souffrir de tes maux, car tu as perdu une excellente et chaste femme, et nul ne dira le contraire ; mais il faut supporter ce malheur, bien qu'il soit lourd à supporter. Reçois ces ornements, et qu'ils soient déposés sous terre. Il convient d'honorer le corps de celle qui est morte pour sauver ta vie, mon fils, qui ne m'a pas privé d'enfants et qui ne m'a pas permis de me consumer, sans toi, dans une morne vieillesse. Elle a valu une très grande gloire à toutes les femmes, ayant osé cette noble action. Ô toi, qui m'as conservé mon fils, et qui m'as relevé quand je tombais, salut ! Et puisses-tu être heureux dans les demeures d'Aidès ! Je le dis, ce sont de tels mariages qu'il faut aux mortels ; sinon, il est inutile de se marier.

Admètos
Tu n'es pas venu à ces funérailles, appelé par moi, et ta présence n'est pas pour moi parmi les choses agréables. Jamais celle-ci ne revêtira ces ornements qui viennent de toi, et elle sera ensevelie sans avoir besoin de rien qui t'appartienne. Il te fallait gémir quand je périssais. Tu es resté éloigné, laissant mourir une plus jeune, bien que tu sois vieux, et maintenant tu pleures cette morte. Tu n'es donc pas mon père, ni celle-ci ma mère, elle qui dit m'avoir enfanté ; mais, né d'un sang servile, j'ai été furtivement supposé aux mamelles de ta femme. Tu as montré par cette preuve qui tu es, et je ne pense pas que je sois ton fils. Assurément, tu l'emportes

sur tous par la lâcheté, toi qui, étant très âgé et parvenu au terme de la vie, n'as voulu ni osé mourir pour ton fils. Mais vous avez laissé mourir cette femme étrangère, que je regarde, seule, et justement, comme mon père et comme ma mère. Certes, tu aurais livré un beau combat en mourant pour ton fils, et il ne te restait qu'un temps bien court à vivre ; et moi, je vivrais, et elle aussi vivrait le reste de la vie, et je ne gémirais pas, privé de ma femme. Et cependant, tu as en partage tout ce qu'un homme heureux peut avoir. Tu ne diras pas pourtant, qu'ayant méprisé ta vieillesse, tu m'as livré à la mort, moi qui t'ai grandement respecté ; et c'est pour cela que toi et ma mère, vous me récompensez ainsi ! Engendre donc promptement d'autres enfants qui te nourrissent dans ta vieillesse, et qui, morts, ornent ton corps, et l'exposent publiquement. En effet, je ne t'ensevelirai point de ma main, car je suis mort, autant qu'il dépendait de toi ; et, si, ayant eu un autre sauveur, je vois la lumière, et je me dis le fils de celui-ci et le gardien de sa vieillesse. C'est donc faussement que les vieillards souhaitent de mourir, maudissant la vieillesse et le long espace de la vie. Si la mort approche, personne ne veut mourir, et, désormais, la vieillesse n'est plus un lourd fardeau pour eux.

Le Chœur
Cessez ! C'est assez du malheur présent, ô fils ! n'irrite pas outre mesure l'esprit de ton père.

Phérès
Ô enfant, qui injuries-tu ? Est-ce quelque Lydien ou quelque Phrygien acheté pour de l'argent ? Ne sais-tu pas que je suis thessalien, sorti d'un père thessalien, et né libre ? Tu m'outrages outre mesure. Mais, après m'avoir jeté ces injures de jeune homme, tu ne t'en iras pas impuni, je t'ai engendré et élevé pour être le maître de ma demeure, mais je ne dois pas mourir pour toi ; car ce n'est pas une loi des aïeux, ni de la Hellas, que les pères mourront pour leurs enfants. Heureux ou malheureux, à chacun sa destinée. Tu possèdes tout ce qui devait te venir de moi ; tu commandes à beaucoup, et je te laisserai d'innombrables plèthres de terre ; car j'ai reçu ces biens de mon père. Quel outrage t'ai-je donc fait ? De quoi t'ai-je privé ? Ne meurs pas pour moi, ni moi pour toi. Tu te réjouis de voir la lumière ; penses-tu que ton père ne se réjouisse pas de la

voir aussi ? Je songe qu'il est long le temps passé sous la terre, et que la vie est courte, mais douce. Toi qui te débattais impudemment pour ne pas mourir, tu vis, évitant ta destinée et tuant celle-ci ! Puis, tu m'accuses de lâcheté, ô le pire des hommes, vaincu par cette femme qui est morte pour toi qui es un beau jeune homme ! Certes, tu as habilement réfléchi, afin de ne jamais mourir, si tu dois persuader à chaque femme de toujours mourir pour toi ! Et tu insultes tes amis qui n'ont pas voulu le faire, quand toi-même es si peu courageux ? Tais-toi, et réfléchis que, si tu aimes ta propre vie, tous aiment aussi la leur. Mais, si tu m'insultes, tu entendras de moi des injures qui ne mentiront pas.

Le Chœur
C'est trop d'injures, maintenant et auparavant. Cesse, vieillard, de jeter avec bruit ces malédictions à ton fils.

Admètos
Parle, puisque j'ai parlé ; mais si tu te plains d'entendre la vérité, il ne fallait pas faillir envers moi.

Phérès
J'eusse été plus coupable en mourant pour toi.

Admètos
Est-il donc égal de mourir jeune ou vieux ?

Phérès
Nous ne devons vivre qu'une fois, et non deux.

Admètos
Ainsi, tu veux vivre plus longtemps que Zeus !

Phérès
Tu maudis tes parents, qui ne t'ont fait aucun mal !

Admètos
J'ai compris que tu aimes à vivre longtemps.

Euripide

Phérès
N'emportes-tu pas ce cadavre qui tient ta place ?

Admètos
Ô le pise des hommes, c'est la preuve de ta lâcheté !

Phérès
Du moins, tu ne diras pas qu'elle est morte pour moi.

Admètos
Hélas ! Puisses-tu, un jour, avoir besoin de moi !

Phérès
Épouse une foule de femmes, afin qu'il y en ait davantage à mourir pour toi !

Admètos
Ceci est une honte pour toi, car tu n'as pas voulu mourir.

Phérès
Cette lumière divine m'est chère, bien chère.

Admètos
Ce sentiment est lâche, et indigne d'un homme.

Phérès
Tu ne te réjouiras pas de porter mon vieux corps.

Admètos
Tu mourras cependant, mais tu mourras déshonoré.

Phérès
Mort, peu m'importe qu'on parle mal de moi !

Admètos
Hélas ! Hélas ! Que la vieillesse est impudente !

Phérès

Alceste

Celle-ci n'a pas été imprudente, mais, certes, insensée.

Admètos
Va ! et laisse-moi ensevelir ce cadavre.

Phérès
Je m'en vais. Ensevelis celle que tu as tuée ! Mais tu seras châtié par tes proches. Certes, Akastos ne sera plus un homme, s'il ne venge sur toi le meurtre de sa sœur.

Admètos
Que tu périsses toi-même, et périsse aussi celle qui habite avec toi ! Vieillissez comme vous le méritez, privés de votre fils encore vivant, car vous ne rentrerez pas sous le même toit que moi. Même si je pouvais, à l'aide des hérauts, renoncer à la demeure paternelle qui est tienne, j'y renoncerais ! Pour nous, car il faut supporter le malheur présent, posons ce cadavre sur le bûcher.

Le Chœur
Hélas! hélas ! Malheureuse à cause de ton courage, ô bien née et la meilleure des femmes, salut ! Que Hermès souterrain te soit bienveillant, et que Aidès t'accueille ! Et si, là, les bons sont récompensés, aie ta part de ces biens, et assieds-toi auprès de l'épouse d'Aidès !

Un Serviteur
Je connais déjà, à la vérité, de nombreux hôtes venus de divers lieux dans les demeures d'Admètos, et je leur ai servi de la nourriture ; mais je n'ai pas encore reçu à ces foyers un hôte plus brutal. D'abord, voyant mon maître affligé, il est entré et a osé passer le seuil. Ensuite, sachant le malheur qui nous frappe, il n'a pas reçu avec modération les dons hospitaliers ; et ce que nous ne lui apportons pas, il commande de l'apporter. Puis, saisissant dans sa main une coupe couronnée de lierre, il boit le vin pur de la grappe noire, jusqu'à ce que la flamme du vin l'ait échauffé ; et il couronne sa tête de rameaux de myrte, et il hurle comme un insensé ; et on pouvait entendre un double chant, car il chantait, s'inquiétant peu des maux qui sont dans la demeure d'Admètos ; et nous, serviteurs,

nous pleurions notre maîtresse ; et, cependant, nous ne montrions pas à notre hôte nos yeux mouillés de larmes, car Admètos nous en avait donné l'ordre. Et, maintenant, moi, dans les demeures, je donne un repas à un étranger, à quelque voleur rusé, à quelque brigand ! Et ma maîtresse sort des demeures, et je n'ai pu la suivre ni lui tendre la main, pleurant cette maîtresse qui était comme une mère pour tous les serviteurs et pour moi ! En effet, elle nous épargnait beaucoup de maux, en apaisant la colère de son mari. N'éprouvé-je donc pas une juste haine pour cet étranger qui est survenu au milieu de nos douleurs ?

Hèraklès
Holà ! toi ! Pourquoi regardes-tu d'un air grave et inquiet ? Il ne convient pas qu'un serviteur semble triste aux hôtes, et il doit leur faire bon accueil. Or, toi, en voyant ici un ami de ton maître, tu le reçois avec un visage triste et des sourcils froncés, et soucieux de quelque malheur étranger ! Approche, afin de devenir plus sage. Sais-tu quelle nature ont les choses mortelles ? Je pense que tu ne le sais pas, car d'où le saurais-tu ? Mais écoute-moi : il est nécessaire que tous les hommes meurent, et il n'est aucun mortel qui sache s'il vivra demain. Le cours de la fortune est incertain, on ne sait où il va, nul ne peut nous l'enseigner, aucune science ne peut le révéler. Donc, instruit de ceci par moi, réjouis-toi, bois, vis au jour le jour, et laisse le reste à la fortune ! Honore aussi Kypris qui est la plus douce des Déesses pour les mortels. En effet, c'est une aimable Déesse. Laisse tout le reste, et obéis à mes paroles, si je te semble avoir bien parlé, et certes, je le pense. Ainsi, chassant une trop grande tristesse, ne veux-tu pas boire avec moi et passer ces portes, couronné de fleurs ? Certes, je sais que le bruit des coupes, te retirant de cette tristesse et de ce chagrin, te conduira à bon port. Puisque nous sommes mortels, il convient que nous nous conformions aux choses mortelles. En effet, pour tous les hommes tristes et austères, selon que j'en juge, la vie n'est pas la vraie vie, mais une calamité.

Le Serviteur
Je sais cela ; mais ce que j'éprouve n'appelle ni le rire ni les festins.

Hèraklès
Cette morte est une femme étrangère ; ne gémis pas outre mesure, car les maîtres de cette demeure sont vivants.

Le Serviteur
Comment, vivants ? Tu ne sais pas les maux qui sont dans la demeure.

Hèraklès
À moins que ton maître m'ait trompé.

Le Serviteur
Il est beaucoup trop, beaucoup trop l'ami de ses hôtes.

Hèraklès
Convenait-il, à cause des funérailles d'une étrangère, qu'il ne me traitât pas bien ?

Le Serviteur
Certes, elle n'était pas trop étrangère !

Hèraklès
Y a-t-il donc ici quelque malheur qu'il ne m'a pas dit ?

Le Serviteur
Sois heureux ! C'est à nous de nous attrister des maux de nos maîtres.

Hèraklès
Cette parole n'indique pas un malheur étranger.

Le Serviteur
Autrement, je ne m'attristerais pas de te voir assis au festin.

Hèraklès
Aurais-je donc souffert une grave injure de la part de mes hôtes ?

Le Serviteur

Tu n'es pas venu opportunément dans les demeures, afin d'y être accueilli par nous, car nous sommes dans le deuil, et tu vois nos cheveux rasés et nos péplos noirs.

Hèraklès
Qui donc est mort ? Est-ce un des enfants ? Est-ce le vieux père ?

Le Serviteur
C'est la femme même d'Admètos qui est morte, ô étranger !

Hèraklès
Que dis-tu ? Et, cependant, vous me donniez l'hospitalité ?

Le Serviteur
En effet, il craignait de te repousser de cette demeure.

Hèraklès
Ô malheureux ! quelle femme tu as perdue !

Le Serviteur
Nous périssons tous ; elle ne périt pas seule.

Hèraklès
Je l'ai pressenti, en voyant ses yeux qui pleuraient, sa chevelure rasée et son visage ; mais il m'a persuadé, en me disant qu'il allait ensevelir un corps étranger. Ce n'était pas de bon gré, qu'ayant passé les portes, je buvais dans la demeure d'un homme hospitalier frappé d'un tel malheur. Et me voici, assis au festin et couronné de fleurs ! Mais toi, tu ne m'as pas dit que cette demeure était frappée d'une telle calamité ! Où l'ensevelit-on ? Où irai-je, afin de la trouver ?

Le Serviteur
Dans la route qui mène droit à Larissa. Tu verras un tombeau de marbre poli, hors du faubourg.

Hèraklès
Ô mon cœur, qui as tant osé ! ô mon âme, montre aujourd'hui

quel fils la Tirynthienne Alkmèna, fille d'Élektryôn, a conçu de Zeus ! Il me faut sauver cette femme qui vient de mourir, et rétablir Alkèstis dans cette demeure, et rendre ainsi grâce à Admètos. J'irai vers la Reine des morts, couverte de noirs péplos, vers Thanatos ! Je l'épierai, et j'espère la trouver buvant auprès du tombeau le sang des victimes. Et si, lui ayant tendu un piège et m'élançant de mon embuscade, je puis la saisir, je l'entourerai de mes bras ; et personne ne pourra me l'arracher, les flancs déchirés, avant qu'elle ne m'ait rendu cette femme ! Mais, si je suis frustré de cette proie, si elle ne vient pas au gâteau sanglant, je descendrai sous terre, dans l'obscure demeure de Korè et du Roi Aidès, et je demanderai Alkèstis, et j'ai confiance de la ramener sur la terre, et de la remettre aux mains de l'hôte qui m'a reçu dans ses demeures, qui ne m'a point renvoyé, bien que frappé d'un cruel malheur, et qui me l'a caché, me respectant, généreux qu'il est ! Est-il un homme plus hospitalier parmi les Thessaliens et les habitants de la Hellas ? C'est pourquoi, il ne dira pas qu'il a été bienveillant pour un ingrat, ayant été lui-même si généreux.

Admètos

Hélas, hélas ! triste accès, triste aspect de mes demeures vides ! hélas sur moi ! ah ! hélas ! Où irai-je ? où m'arrêterai-je ? Que dirai-je ? Que ne dirai-je pas ? Puissé-je périr ! Certes, ma mère m'a enfantée pour être très malheureux ! J'envie le bonheur des morts, je les aime, je désire habiter leur demeure ! En effet, je ne me réjouis plus de voir la lumière, ni de marquer la trace de mes pieds sur la terre, après que Thanatos a livré un tel gage à Aidès !

Le Chœur
Strophe I.
Avance ! avance ! Entre dans la profondeur des demeures.

Admètos
Hélas !

Le Chœur
Tu souffres des maux lamentables.

Admètos
Ah ! hélas !

Le Chœur
Tu es dans la douleur, je le sais bien.

Admètos
Hélas ! hélas !

Le Chœur
Tu n'es d'aucun secours à la morte.

Admètos
Hélas sur moi !

Le Chœur
Ne plus voir le cher visage d'une femme si chère, que cela est triste !

Admètos
Tu rappelles ce qui déchire mon cœur. Quel plus grand malheur, en effet, pour un homme, que de perdre une épouse fidèle ! Plût aux Dieux que, par suite du mariage, je n'eusse jamais habité ces demeures avec elle ! j'envie le bonheur des mortels qui n'ont ni femmes ni enfants. Ils n'ont qu'une seule âme, et c'est un léger fardeau que de ne souffrir que pour elle ; mais on ne peut supporter de voir ses enfants malades, ou son lit nuptial dévasté, quand on pouvait passer toute sa vie sans enfants et sans femme.

Le Chœur
Antistrophe I.
La destinée, l'inévitable destinée est là !

Admètos
Hélas !

Le Chœur
Et tu ne mets point de fin à tes maux !

Admètos
Hélas !

Le Chœur
Ceci est lourd à supporter, mais cependant...

Admètos
Hélas! hélas !

Le Chœur
Supporte-le. Tu n'es pas le premier qui ait perdu...

Admètos
Hélas sur moi !

Le Chœur
Une femme. Toute sorte de calamités diverses accable diversement les mortels.

Admètos
Ô longs deuils ! Ô douleurs, à cause des amis qui sont sous la terre ! Pourquoi m'as-tu empêché de me jeter au moins dans la fosse creuse où elle est ensevelie, afin que je sois étendu mort auprès de la meilleure des femmes ? Au lieu d'une seule âme, Aidès aurait reçu deux âmes très fidèles traversant ensemble le Marais souterrain.

Le Chœur
Strophe II.
J'avais un proche parent dont le fils unique, digne d'être pleuré, mourut dans les demeures ; cependant, il supporta ce malheur avec modération, bien que privé d'enfants, ayant déjà des cheveux blancs, et courbé par l'âge.

Admètos
Ô murailles des demeures ! Comment entrer ? Comment y habiter, après ce revers de fortune ! Hélas sur moi ! La différence est grande, en effet. Alors, j'entrais, avec les torches Péliennes, au bruit des

chants nuptiaux, et tenant la main de ma chère femme. Une foule d'amis suivait bruyamment, nous proclamant heureux, cette morte et moi, parce que nous étions Eupatrides l'un de l'autre, époux et issus de noble race. Et maintenant, ce sont des lamentations au lieu de chants nuptiaux ; et, au lieu de péplos blancs, ce sont de noirs vêtements qui m'accompagne au lit désert de la chambre nuptiale !

Le Chœur
Antistrophe II.
Cette douleur t'est survenue, au milieu de ta fortune heureuse, quand tu n'avais pas encore souffert ; mais tu conserves la vie et l'âme. L'épouse est morte et te laisse son amour ; qu'y a-t-il en cela de nouveau ? La mort a déjà séparé bien des hommes de leur femme.

Admètos
Amis, je pense que la destinée de ma femme est plus heureuse que la mienne, bien que l'on puisse n'en pas juger ainsi. Désormais, en effet, aucune douleur ne l'atteindra, et la voici glorieusement affranchie de bien des misères ; mais, moi, qui devrais ne plus vivre, ayant passé le moment fatal, je traînerai une vie lamentable ! Je le sens maintenant. Comment aurais-je le courage d'entrer dans ces demeures ? A qui parler ? Qui me parlera ? Comment trouver le doux entretien ? Où me tourner ? La solitude des demeures me chassera, quand je verrai le lit désert de l'épouse et les thrônes ou elle s'asseyait, et le plancher sali sous les toits ! Et mes enfants, prosternés à mes genoux, pleureront leur mère, et les serviteurs pleureront aussi une telle maîtresse dans la demeure. Ce sera ainsi dans la maison ; et, au dehors, les noces des Thessaliens et les nombreuses assemblées de femmes me tourmenteront, et je n'aurai pas le courage de regarder celles qui ont le même âge que ma femme ! Chacun de mes ennemis dira de moi ceci : — Voilà celui qui a la honte de vivre, et qui n'a pas osé mourir, et qui, par lâcheté, a livré celle-ci à la mort ! Et cependant, il se croit un homme ! Et il hait ses parents, quand lui-même n'a pas voulu mourir ! -Outre mes maux, telle sera ma renommée. Pourquoi donc souhaiterais-je de vivre, amis, affligé d'une mauvaise renommée et d'une mauvaise fortune ?

Alceste

Le Chœur
Strophe I.
J'ai été transporté par la Muse aux régions ouraniennes, et j'ai étudié bien des choses, et je n'ai rien trouvé de puissant que la Nécessité, ni les remèdes inscrits sur les tablettes Thrèkiennes et enseignés par Orpheus, ni ceux, autant qu'ils sont, que Phoibos a transmis aux Asklèpiades, pour venir en aide aux mortels souffrants.
Antistrophe I.
Elle est la seule Déesse dont on ne puisse approcher les autels ni les images. Elle ne reçoit point de victimes. Ô vénérable ! ne sois pas plus cruelle pour moi que tu ne l'as été dans ma vie ! En effet, tout ce que Zeus approuve est accompli par toi. Tu domptes par la force le fer qu'on trouve chez les Khalybes, et il n'y a nul respect dans ton cœur inflexible !
Strophe II.
Toi, que cette Déesse a saisi dans les étreintes inévitables de ses mains, reprends courage, car, jamais, en pleurant, tu ne ramèneras au jour les morts qui sont sous terre. Les enfants des Dieux vont aussi dans les ténèbres et dans la mort. Alkèstis nous était chère quand elle était avec nous, et elle nous est encore chère, quoique morte ; car tu avais pris pour compagne la plus généreuse de toutes les femmes.
Antistrophe II.
Que le tombeau de ta femme ne semble point tel que celui des autres morts ; mais qu'il soit honoré à l'égal des Dieux, et vénérable aux voyageurs ! Et celui qui passera sur le chemin dira : — Celle-ci mourut autrefois pour son mari, et maintenant elle est une Déesse heureuse ! Salut, ô vénérable, et sois-nous bienveillante ! — Elle sera saluée de telles paroles.
Mais il me semble, Admètos, que voici le fils d'Alkmèna qui s'approche de la demeure.

Hèraklès
Il faut parler librement à un ami, Admètos, et ne retenir, en se taisant, aucun reproche dans son cœur. Moi qui, présent, assistais à ton malheur, je pensais être traité comme un ami sincère ; et, cependant, tu ne m'as point confié que ce corps était celui de ta femme ; mais tu m'as donné l'hospitalité dans tes demeures,

comme si tu n'étais inquiet que d'un malheur étranger. Et j'ai couronné ma tête, et j'ai offert aux Dieux des libations dans tes demeures qui gémissent. Et, certes, je me plains, je me plains de ceci. Cependant, je ne veux pas t'attrister dans tes douleurs, et je te dirai enfin pour quelle cause je suis revenu ici. Reçois de moi cette femme-ci, et garde-la jusqu'à ce que je revienne, ramenant les chevaux Thrèkiens, après avoir tué le tyran des Bistones. Si je subis la destinée, et plaise aux Dieux que cela ne soit pas, car je les prie de m'accorder le retour, je te donne cette femme pour qu'elle te serve dans ta demeure. Elle est tombée dans mes mains après un grand effort. Je me suis trouvé, en effet, à un combat public où de dignes prix étaient offerts aux athlètes, et j'ai emmené celle-ci pour récompense de ma victoire. Pour les combats légers, des chevaux étaient réservés aux vainqueurs, et pour les combats plus sérieux, pugilat ou lutte, des bœufs, et, ensuite cette femme. Comme j'étais là par hasard, il m'eût été honteux de négliger ce prix glorieux. Mais, comme je l'ai dit, il te faut prendre soin de cette femme, car je l'ai acquise, non par ruse, mais avec peine. Peut-être qu'un jour tu me rendras grâces.

Admètos

Ce n'est point en te méprisant, ni en te comptant au nombre de mes ennemis, que je t'ai caché la malheureuse destinée de ma femme ; mais c'eût été une douleur ajoutée, à ma douleur, que tu fusses allé dans la demeure d'un autre hôte. C'était assez pour moi de gémir sur mon malheur. Mais, si cela se peut, je te supplie, ô Roi, de confier cette femme à quelque autre Thessalien, qui n'a pas subi ce que j'ai souffert, car tu as de nombreux hôtes parmi les Phéraiens. Ne me rappelle pas mes maux. Je ne pourrais, voyant celle-ci dans la demeure, retenir mes larmes. N'ajoute pas une nouvelle douleur à celles que j'éprouve ; c'est assez de mon cruel malheur. En quelle partie des demeures pourra-t-on élever cette jeune femme ! Car elle est toute jeune, comme l'indiquent ses vêtements et sa parure. Habitera-t-elle sous le toit des hommes ? Et comment restera-t-elle chaste au milieu des jeunes hommes ? Il n'est pas facile, Hèraklès, de retenir un jeune homme. Je songe à ce qui t'intéresse. La nourrirai-je dans la chambre de la morte ? Et comment la mettrai-je dans la chambre de celle-ci ? Je crains un double reproche, de la part des citoyens qui m'accuseraient de trahir celle qui a bien mérité de moi, en me couchant dans le lit d'une autre jeune femme, et de la part de cette morte, si digne d'être honorée de moi, et dont je dois tenir grand compte. Mais, ô femme, qui que tu sois, combien tu as une forme semblable à Alkèstis ! Hélas ! Par les Dieux, éloigne cette femme de mes yeux ! Ne me tue pas, moi qui suis perdu ! Il me semble, en effet, en la regardant, voir ma femme ! Elle trouble mon cœur, et des sources de larmes jaillissent de mes yeux. Oh ! malheureux que je suis ! Voici que je ressens combien mon deuil est cruel !

Le Chœur
Je ne pourrais, assurément, te féliciter de ta fortune présente ; mais, quelque soit le don d'un Dieu, il te faut le subir.

Hèraklès
Plût aux Dieux que j'eusse une puissance assez grande pour ramener ta femme des Demeures souterraines à la lumière, et te rendre ce service !

Admètos
Certes, je sais que tu le voudrais ; mais comment cela se pourrait-il ? Cela ne se peut. Les morts ne reviennent point à la lumière.

Hèraklès
Ne passe point toute mesure. Supporte ton mal avec modération.

Admètos
Il est plus facile d'exhorter les autres que de supporter son propre mal.

Hèraklès
Si tu veux toujours gémir, qu'y gagneras-tu ?

Admètos
Je sais, mais un charme m'entraîne.

Hèraklès

Euripide

Aimer une morte n'amène que des larmes.

Admètos
Elle me tue, et plus encore que je ne puis dire !

Hèraklès
Tu as perdu une femme excellente ; qui le niera ?

Admètos
C'est pourquoi je ne me réjouis plus de vivre !

Hèraklès
Le temps apaisera ton mal ; maintenant il est encore violent.

Admètos
Le temps ? Tu dis bien, si le temps signifie la mort !

Hèraklès
Une autre femme et le désir de nouvelles noces te consoleront.

Admètos
Tais-toi ! qu'as-tu dit ? Je ne m'attendais pas à cela.

Hèraklès
Quoi donc ? Tu n'épouseras plus de femme ? ton lit restera vide ?

Admètos
Nulle femme ne couchera plus avec moi.

Hèraklès
Espères-tu servir ainsi cette morte ?

Admètos
Où qu'elle soit, il convient qu'elle soit honorée.

Hèraklès
Je loue ceci, je le loue ; cependant on t'accusera de démence.

ADMÈTOS
Jamais tu ne m'appelleras du nom d'époux.

HÈRAKLÈS
Je te loue, parce que tu es l'ami fidèle de ta femme.

ADMÈTOS
Que je meure, si je la trahis, bien qu'elle ne soit plus !

HÈRAKLÈS
Reçois maintenant celle-ci dans ta noble demeure.

ADMÈTOS
Non ! Je t'en supplie, par Zeus qui t'a engendré !

HÈRAKLÈS
Tu seras en faute, si tu ne le fais pas.

ADMÈTOS
Et si je le fais, je serai mordu de douleur au cœur.

HÈRAKLÈS
Consens ! cette grâce, en effet, sera peut-être opportune.

ADMÈTOS
Hélas ! Plût aux Dieux que tu n'eusses jamais conquis celle-ci !

HÈRAKLÈS
Cependant, tu es victorieux avec moi.

ADMÈTOS
Tu as bien parlé ; mais que cette femme sorte !

HÈRAKLÈS
Elle s'en ira, s'il le faut; mais, avant tout, vois s'il le faut.

ADMÈTOS
Il le faut, à moins que tu en sois irrité contre moi.

Euripide

Hèraklès
Moi aussi, je sais pourquoi j'insiste autant.

Admètos
Emporte-le donc ; mais ce que tu fais ne m'est pas agréable.

Hèraklès
Un temps viendra où tu m'approuveras. Obéis seulement.

Admètos
Menez-la ! puisqu'il faut la recevoir dans les demeures.

Hèraklès
Je ne confierai pas cette femme à tes serviteurs.

Admètos
Introduis-la toi-même, si cela te plaît.

Hèraklès
Je la remettrai plutôt dans tes mains.

Admètos
Je ne la toucherai pas ; mais il lui est permis d'être dans la demeure.

Hèraklès
Je la confie à tes seules mains.

Admètos
Roi ! tu me contrains d'agir contre ma volonté !

Hèraklès
Ose tendre la main, et toucher l'Étrangère.

Admètos
Je tends la main, comme si je voyais la tête de Gorgô !

Hèraklès
La tiens-tu ?

Alceste

ADMÈTOS
Je la tiens.

HÈRAKLÈS
Bien. Garde-la donc, et tu diras que le fils de Zeus est un hôte généreux. Regarde-la, et vois si elle ne ressemble pas à ta femme. Cesse d'être affligé, et sois heureux !

ADMÈTOS
Ô Dieux ! Que dirai-je ? Ce prodige est inespéré ? Vois-je réellement ma femme, ou n'est-ce qu'une fausse joie qui me vient d'un Dieu qui se joue de moi ?

HÈRAKLÈS
Non ! Tu vois ta femme elle-même.

ADMÈTOS
Vois cependant si ce n'est pas quelque spectre souterrain !

HÈRAKLÈS
Tu n'as pas en moi, ton hôte, un évocateur d'âmes.

ADMÈTOS
Est-ce bien ma femme que je vois, celle que j'ensevelissais ?

HÈRAKLÈS
Certes ! Mais je ne m'étonne pas que tu n'aies pas foi en la fortune.

ADMÈTOS
Je la toucherai, je lui parlerai comme à ma femme vivante ?

HÈRAKLÈS
Parle-lui. Tu possèdes, en effet, tout ce que tu désirais.

ADMÈTOS
Ô visage! ô corps de ma très chère femme ! Je te possède contre toute espérance, quand je pensais ne plus te revoir !

Euripide

Hèraklès
Tu la possèdes, mais que les Dieux ne te l'envient plus !

Admètos
Ô noble fils du très grand Zeus, sois heureux ! et que le Père qui t'a engendré te protège ! Toi seul m'as tout rendu ! Mais comment l'as-tu ramenée du Hadès à la lumière ?

Hèraklès
En combattant le Daimôn maître des morts.

Admètos
Mais où as-tu engagé le combat avec Thanatos ?

Hèraklès
Auprès du tombeau même, où je l'ai brusquement saisie de mes mains.

Admètos
Mais pourquoi Alkèstis reste-t-elle muette ?

Hèraklès
Il ne t'est pas permis de l'entendre parler avant qu'elle ait été purifiée des Dieux souterrains, et avant le troisième jour. Mais introduis-la dans la demeure, et, toujours juste, continue, Admètos, à respecter pieusement tes hôtes. Salut ! Je pars et vais accomplir le travail qui m'est imposé par le fils de Sthénélos.

Admètos
Reste avec nous et sois mon hôte.

Hèraklès
Cela sera une autre fois ; mais, aujourd'hui, il faut que je me hâte.

Admètos
Sois donc heureux, et reviens ! Que les citoyens et toute la Tétrarkhie célèbrent cet événement par des chœurs, et que les autels fument au milieu des sacrifices et des prières ! Car, maintenant,

nous mènerons une vie meilleure que celle que nous avons vécue. J'atteste, en effet, que je suis heureux !

Le Chœur
Elles sont nombreuses et diverses les formes des événements suscités par les Daimones ; et les Dieux les accomplissent contre notre espérance. Ce qui semblait devoir arriver n'arrive pas, et un Dieu amène les choses inespérées. Ceci le prouve.

ISBN : 978-1530687442

Manufactured by Amazon.ca
Bolton, ON